Género Texto expositivo

Pregunta esencial

¿Qué ocurre cuando las familias trabajan juntas?

Familias trabajando

Ann Weil

Los hermanos trabajan juntos en sus hogares.

(inset) Brand X Pictures/Masterfile, (bkgd) Rocko and Betty/Photolibrary/Getty Images

Los niños ayudan en el hogar. Hacen los quehaceres. Preparan la mesa para cenar. Lavan los platos. Ayudan a limpiar la casa.

Los niños trabajan para otras personas.

Algunos niños trabajan. Venden o reparten cosas. Otros cuidan niños o animales. Ganan dinero. Pueden ahorrarlo o gastarlo.

Algunos niños usan ropas especiales para trabajar.

Los padres ayudan a los niños con sus trabajos. Los ayudan a encontrar uno. Los llevan en carro a trabajar.

AHORA COMPRUEBA

¿Qué trabajos hacen los niños? ¿Cómo ayuda la familia?

Purestock/Alamy

La limonada fría es rica un día cálido de verano.

Montar un puesto de limonada es una forma de trabajar juntos. Los padres pueden mezclar limonada fría. Los niños hacen el cartel. Anotan cuánto cuesta.

Photodisc/PunchStock

Los padres muestran cómo usar las herramientas. Montan el puesto con los niños. Sirven limonada.

(bkgd) Image Source/Getty Images

Conviene elegir un día cálido para vender limonada. Si está soleado, más clientes la comprarán.

La familia completa el trabajo en equipo.

Los padres ayudan a los niños a verter y a mezclar.

Algunas familias cocinan juntas. Hornean y venden galletas, por ejemplo. También pueden vender panecillos.

AHORA COMPRUEBA

¿Por qué un puesto de limonada es bueno para trabajar en familia?

Los gatos y los perros necesitan comida y agua todos los días.

Las familias ayudan a otros. Cuidan mascotas cuando sus dueños no están.

Image Source/Vetta/Getty Images

Detective del lenguaje

Combina las oraciones subrayadas en la página 8 usando *y*.

Los niños cuidan las mascotas. Pueden pasear perros. También juegan con ellos.

Algunas personas pasean perros como un trabajo.

Erickson Stock/Alamy Stock Photo

Las familias cuidan a los bebés. Los niños mayores ayudan a sus hermanos y hermanas menores.

Grove Pashley/Brand X Pictures/Getty Images

Ariel Skelley/Blend Images/Getty Images

Alimentar a un bebé lleva tiempo.

Algunos niños ayudan a cuidar bebés de otras familias.

Detective del lenguaje

Combina las oraciones subrayadas en la página 10 usando *y*.

Las niñeras o niñeros juegan con los niños. Les leen cuentos. Revisan sus tareas.

A los niños les gusta escuchar cuentos.

alwaysstock, LLC/Alamy

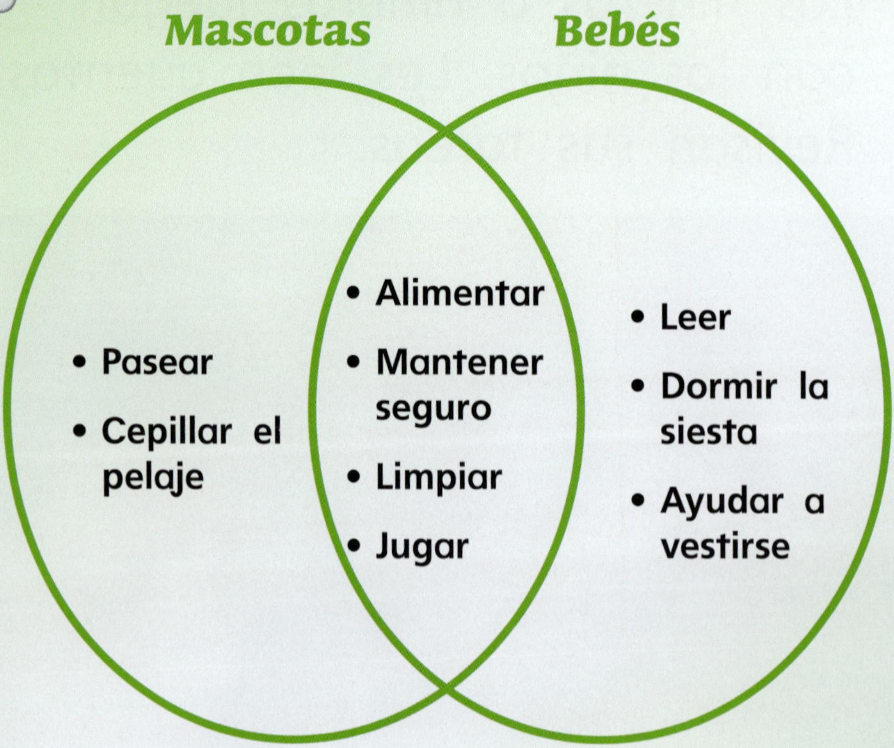

El diagrama compara y contrasta el cuidado de animales y el de niños.

Un niño puede cuidar a otro o a una mascota. Otros trabajos necesitan de más personas. Pueden hacerse en familia.

Envolver regalos es una manera divertida de trabajar en familia.

Las familias trabajan mucho juntas. Puede ser divertido. ¡Se trata de trabajar en equipo!

AHORA COMPRUEBA

¿En qué se parecen el cuidado de mascotas y el de bebés?

Respuesta a la lectura

Resumir

Usa detalles para resumir *Familias trabajando*.

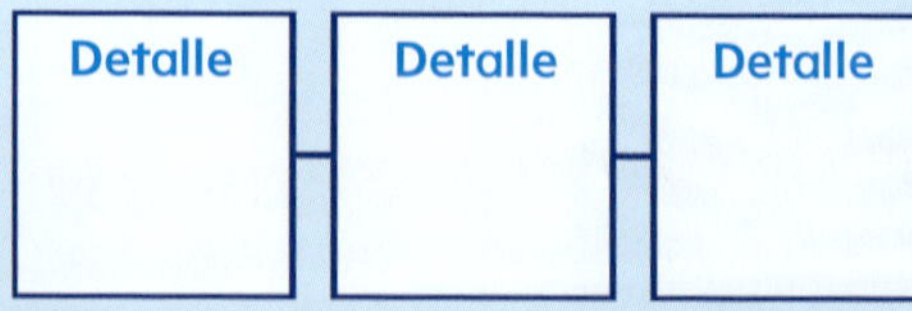

Evidencia en el texto

1. ¿Cómo sabes que *Familias trabajando* es expositivo? **Género**
2. ¿Qué hace una niñera? **Detalles clave**
3. Usa lo que sabes sobre terminaciones para hallar qué significa *hogares*. **Terminaciones**
4. ¿Qué trabajos pueden hacer los niños para ayudar a otros? **El texto y el mundo**

Género Texto expositivo

Compara los textos

Lee para conocer cómo una familia de Nueva Hampshire trabaja en un aserradero.

Aserradero familiar

George y Betty Woodell fundaron un aserradero en 1975. Un aserradero es un lugar donde se cortan leños.

Tina y su madre, Betty, trabajan en su aserradero.

(inset) courtesy of Woodell & Daughters Forest Products, (bkgd) Aaron Roeth Photography

El aserradero está en Nueva Hampshire.

George y Betty tenían dos hijas pequeñas. Por eso, al aserradero lo llamaron "Woodell e Hijas". Una de ellas es Tina.

Tina quería trabajar en el aserradero. Ahora ya es adulta y dirige la empresa.

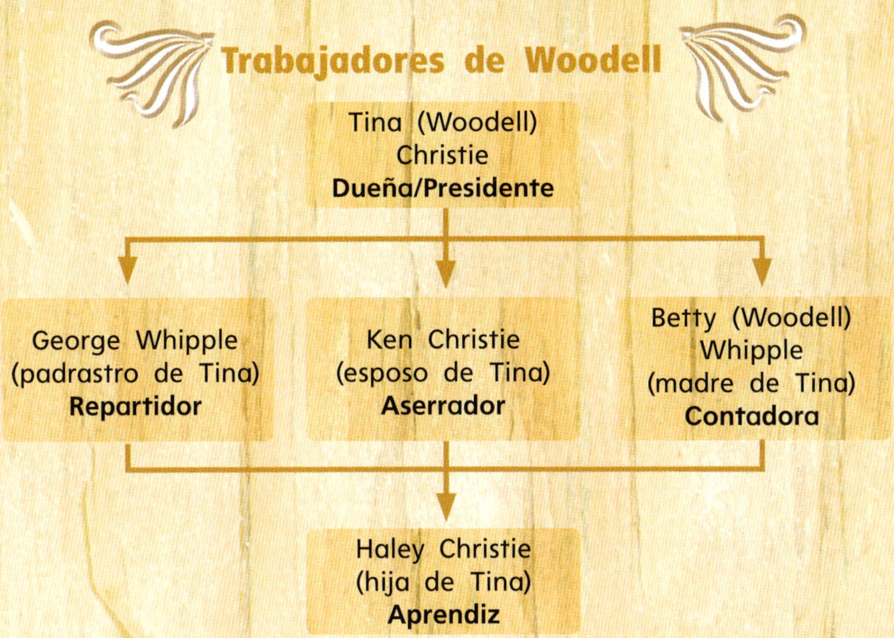

Cada persona tiene un papel importante.

La madre de Tina aún trabaja en el aserradero. Su esposo también. ¡Es una verdadera empresa familiar!

Haz conexiones

¿Qué ocurre cuando las familias trabajan juntas? **Pregunta esencial**

¿En qué se parecen la manera de trabajar de la familia Woodell y de *Familias trabajando*? **El texto y otros textos**

Enfoque:

Estudios Sociales

Propósito Comentar cómo los miembros de tu familia trabajan juntos

Paso a paso

Paso 1 Copia la tabla. Haz una lista con los miembros de tu familia.

Paso 2 Escribe cómo ayuda cada miembro.

Miembros de la familia	Cómo ayudan
Hermano mayor	Lava los platos

Paso 3 Escribe sobre cómo tu familia trabaja junta.